AF224266

LETTRE

ADRESSÉE

A SON ALTESSE ROYALE

MADAME

LA DUCHESSE DE BERRI,

SUR

LE DERNIER ATTENTAT DIRIGÉ CONTRE LE ROI

ET SA FAMILLE;

SUIVIE D'UNE

ODE

SUR LE REPLACEMENT DE LA STATUE DE HENRI IV, ET SUR LES
INSTITUTEURS QUI CONVIENNENT A SON LÉGITIME HÉRITIER,
MONSEIGNEUR LE DUC DE BORDEAUX

———

PARIS,

A. EGRON, IMPRIMEUR-LIBRAIRE,
rue des Noyers n° 37.
PICHARD LIBRAIRE,
quai de Conti, n° 5.
1821.

Tous les Exemplaires sont signés par l'auteur : ceux qui ne porteraient point sa signature seront regardés comme contrefaits, l'auteur voulant jouir des droits que lui accorde la loi.

L'Auteur, demeurant rue de la Harpe, n° 65, se charge de la rédaction de tous mémoires et pétitions fondés en principes et en faits.

LETTRE

ADRESSÉE

A SON ALTESSE ROYALE

MADAME LA DUCHESSE DE BERRI,

SUR

LE DERNIER ATTENTAT DIRIGÉ CONTRE LE ROI
ET SA FAMILLE.

MADAME,

Jamais il ne fut plus urgent pour le peuple français de manifester à toute l'Europe les sentimens d'amour et de respect qui l'animent pour notre bon Monarque, pour toute la Famille royale, et surtout pour votre auguste personne et le jeune Prince qui doit consolider le bonheur de notre belle patrie : que ne puis-je être un parfait organe de cette expression!

(4)

Jusques à quand des scélérats, poussés par des passions aussi aveugles que criminelles, tourmenteront-ils toutes les autorités de l'Etat et la nation française, en essayant d'assassiner nos Princes?

Les misérables, qu'ils tremblent! tous les yeux sont ouverts sur eux, et tous les intérêts commandent leur supplice. Tous les arts , toutes les sciences que nous cultivons, tous les genres d'industrie ne demandent plus que la tranquillité et la paix, pour nous faire jouir, à l'ombre de l'olivier, de la prospérité brillante qu'ils nous promettent, et pour nous laisser développer librement toutes ces belles et grandes idées qui nous coûtent si cher!

O monstres! qui essayez de reculer ces développemens et ces jouissances, achetées au prix du sang de tant de millions de braves et de si grands sacrifices en tous genres, si vous êtes encore susceptibles de penser, pensez donc qu'en creusant votre propre tombeau, vous commettez le plus grand des crimes; *car vous attentez aux droits de l'humanité toute entière.*

Tels sont, Madame, les idées et les sentimens que m'a inspirés l'horreur du dernier attentat projeté contre *votre auguste Famille*, qui, heureu-

sement pour la France, n'a pas eu l'affreux suc-
cès que s'en promettaient ses monstrueux auteurs.

Puissent-ils vous être agréables, ainsi que les
strophes ci-jointes, que je me disposais à vous
adresser, *comme Mère de Son Altesse Royale
Monseigneur le Duc de Bordeaux !*

Convaincu que la bonté de votre cœur, déjà
si connu de toute la France, présentera un jour
à votre auguste Fils tous les traits, tous les mo-
dèles qui peuvent en former un grand Prince,
un digne héritier de Henri le Grand, j'ai hasardé
ces strophes sur le replacement de la statue de
cet excellent Roi, *et sur les instituteurs que je sou-
haite ardemment au légitime héritier de son trône :
et j'ose vous les dédier, ne croyant pas pouvoir
faire mieux.*

En les écrivant, j'ai bien sûrement exprimé la
pensée et les vœux de tous les Français ; car les
auteurs des machinations infernales qui trou-
blent notre repos et notre tranquillité, et ne ten-
dent qu'à détruire les bases de notre prospérité
particulière et publique, ne sont pas des Français ; et, s'ils l'étaient, ils ont cessé de l'être.

J'ose supplier Votre Altesse Royale d'en re-
mettre un exemplaire à un Souverain qui chérit

les sciences et les arts autant que son peuple, et à chacun des membres de sa Famille, convaincu que votre auguste main donnera à cette remise toute la valeur possible.

C'est dans ces sentimens d'une confiance illimitée et du plus sincère attachement à toute la Famille royale et au Trône Constitutionnel, que j'ai l'honneur d'être,

MADAME,

Le plus respectueux et le plus dévoué de vos serviteurs,

PESME.

Paris, le 30 janvier 1821.

ODE

SUR LE REPLACEMENT

DE LA STATUE DE HENRI IV,

ET SUR

LES INSTITUTEURS QUI CONVIENNENT A SON LÉGITIME HÉRITIER,

MONSEIGNEUR LE DUC DE BORDEAUX.

IMAGE auguste et fidèle
Du meilleur de tous les Rois,
Pour célébrer ses exploits
N'est-ce pas toi qui m'appelle
Au sommet de l'Hélicon,
Et devient mon Apollon?
Puisque c'est toi qui m'inspire,
De ses plus brillans ressorts
Fais donc jouer à ma lyre
Les harmonieux accords.

Oui, je le dis sans emphase,
Lorsque je suis devant toi,
Je vois cet excellent Roi
Qui me transporte en extase!
Sa justice et sa valeur,

Sa sagesse et son bon cœur
Se peignent à ma mémoire,
Et me rendent trait pour trait
De la véritable gloire
Le plus fidèle portrait.

Il reconquit son royaume
Par la force de son bras,
Et, de ses braves soldats,
Réduisit comme un atôme
Tous ces ligueurs révoltés,
Si fortement entêtés
Par les feux du fanatisme,
Ennemi du genre humain,
Qui fuit du Christianisme
Le respectable chemin.

Que l'antique Grèce et Rome
Nous exaltent les travaux
De leurs célèbres héros :
On n'y vit pas un grand homme
Qui sut affronter la mort
Et braver les coups du sort
Avecque plus de courage
Que n'en eut Henri le Grand,
Pour anéantir la rage
Du plus dangereux serpent [1].

Ornemens de son histoire,
Vous, intrépides guerriers,
Qui partagiez ses lauriers
Dans les champs de la victoire,
Venez figurer ici,
Et qu'on vous y voie aussi
Y former ce brillant groupe
Qui pressait ses étendarts,
Et représentait la troupe
Des fils de Minerve et Mars [2].

Pour achever cet ouvrage [3],
Je voudrais voir les ciseaux
De nos Phydias nouveaux
Y graver encor l'image
De ces ministres chéris,
De Thémis les favoris,
Si dévoués à leur maître,
Que, malgré les vœux du Roi,
Ils firent tomber tout traître
Sous le glaive de la loi [4].

Honneur mille fois au sage
Dont l'estimable talent
Provoqua ce monument!
Il apprendra d'âge en âge,
A tous nos grands potentats,

L'art de régir leurs Etats
Et d'en vaincre les rebelles ;
Et, les ayant tous domtés,
L'art de les rendre fidèles
Par l'appât de leurs bontés.

Telle fut la politique
Du sage et vaillant Henri :
Toujours supérieur au cri
De la plus saine critique,
Abhorrant ces conquérans
Qui s'en vont tout dévorants,
Et toutes les injustices,
Il régit sa nation,
En évitant tous les vices
D'une folle ambition [5].

Honneur mille fois encore
A l'auguste rejeton
De cet illustre Bourbon
Qui prétend que l'on honore
A jamais le piédestal
De l'immortel général [6]
Que les efforts de ma lyre
Veulent que, dans l'univers,
Chacun et toujours admire,
Pour éterniser ces vers.

Oui, l'époque mémorable,
Qui vit de ce monument
Reposer le fondement,
Sera toujours vénérable
Devant la postérité.
Elle atteste l'équité,
La sage reconnaissance
Des plus généreux Français,
Les vertus et la vaillance
Du plus grand des Béarnais [7].

De quel coup frappa le monde
Ton poignard audacieux,
Fanatique monstrueux !
En privant la terre et l'onde
De cet aigle des Bourbons !
Jamais Princes aussi bons
Ne consoleront la terre
De la perte qu'elle fit
Par ce crime sanguinaire :
L'enfer lui-même en frémit.

Adorable tolérance,
Fais donc connaître tes lois
Aux prêtres ainsi qu'aux rois [8],
Et donne-nous l'espérance
De voir la Divinité

Proclamer la vérité
Dans les lieux les plus incultes,.
Pour apprendre aux nations
Qu'il existe plusieurs cultes,
Mais non deux religions.

O divine Providence,
De qui la puissante main
Dirige le genre humain,
Viens protéger l'innocence !
Sois toi-même le rempart
Qui repousse le poignard
Aiguisé contre nos Princes,
Et brise-le pour jamais !
Verse enfin sur nos provinces
Tous les trésors de la paix.

Et vous, que le Ciel destine
A la noble fonction
De l'immortel Fénélon,
Fonction presque divine,
En êtes-vous pénétrés ?
Êtes-vous bien préparés
A former une puissance
De qui l'esprit et le cœur,
Faits pour gouverner la France,
Puissent fonder son bonheur ?

Il faut, au siècle où nous sommes,
Que la sagesse des Dieux
Descende du haut des cieux
Pour bien diriger les hommes.
Mais que dis-je? quels écarts!
Où portais-je mes regards?
Roi de la nouvelle Ithaque,
Le sage et prudent Nestor,
Au jeune et vrai Télémaque
Saura choisir un Mentor.

FIN DE L'ODE.

NOTES.

—

¹ Le fanatisme. On connaît tous les moyens qu'il employa, toutes les formes qu'il prit pour susciter des ennemis à ce bon Prince, pour le vaincre et pour l'assassiner, à quoi malheureusement il parvint enfin.

C'est bien l'hydre de Lerne tué par Hercule, dont les tristes restes, encore fumans, empoisonnent son vainqueur.

² Deux groupes de ce genre compléteraient le quarré du piédestal de la statue, où l'entrée de Henri IV dans Paris, et ce qui la précède, qui sont si bien gravés, et peignent avec tant de justesse sa bonté paternelle pour ses peuples.

³ On connaît aussi sa belle réponse à ce sujet, faite à l'ambassadeur d'Espagne, qui s'étonnait de le voir si pressé par les gentilshommes qui l'entouraient. La voici : « Si vous « m'aviez vu un jour de bataille, ils me pressaient bien da- « vantage. »

4 Voyez les pages 130 et 131 de *l'Esprit de Henri IV*, vous y lirez ces paroles remarquables adressées à ses minis- tres, sur le maréchal de Biron : « Ne me le faites point per- « dre, si vous n'estimez qu'il mérite la mort. » Et ensuite : « Je voudrais avoir payé deux cent mille écus, et qu'il m'eût « donné lieu de lui pardonner. »

⁵ Toutes les personnes qui ont lu son histoire savent ce

qu'il répondit à ceux qui lui proposaient des conquêtes, après avoir reconquis et pacifié son royaume.

[6] J'ai conservé, dans cette ode, les mots *général et Béarnais*, parce qu'ils étaient chers à notre héros.

[7] On connaît ses vastes projets pour le bonheur du monde, et surtout de l'Europe, projets dont son assassinat arrêta bien sûrement l'exécution.

[8] Quoique cette invocation soit plus applicable au siècle de Henri IV qu'au nôtre, qui peut voir sans pitié et sans indignation les ravages de l'intolérance politique et religieuse à la face du soleil de lumières, qui l'environne de toutes parts!

Nota. La publication de cette ode ayant été retardée par plusieurs circonstances, en ce qui concerne le replacement de la statue de Henri IV; la naissance de S. A. R. Monseigneur le Duc de Bordeaux, et la mort tragique de son auguste père m'y ont fait ajouter les trois dernières strophes. Puissent-elles être agréables à notre bon Monarque et à sa Famille!

FIN DES NOTES.

IMPRIMERIE D'A. EGRON, RUE DES NOYERS N° 37.